Cornelia Benz · Kinderfeste Bastelspaß das ganze Jahr

CORNELIA BENZ

KINDERFESTE

BASTELSPASS DAS GANZE JAHR

MIT VORLAGEN
IN ORIGINALGRÖSSE

Christophorus-Verlag · Freiburg i. Br.

Inhaltsverzeichnis

Kinder feiern gerne Feste 5

Material 6
Papier 6
Hilfsmittel 6

Damit es ein schönes Fest wird 7
Rund um die Organisation 7
Das können Sie schon vorher tun 7
Kurz vor dem Fest 7

Grundanleitung 8
Einladungskarten 8
Faltversion 1 8
Faltversion 2 9
Tüten 10
Sets 11
Daumenkino 11
Schiebekarte 11

Clownfest 12

Osterfest 22

Dinofete 30

Sommerfest 38

Verkehrsfest 46

Nikolausfeier 56

Weihnachtssfeier 58

Kinder feiern gerne Feste!

Aus welchem Anlaß auch immer, Kinder sind für ein schönes Fest schnell zu begeistern.
Sie freuen sich oft schon wochenlang vorher auf solch ein Ereignis. Früher, zu Zeiten der Großfamilie, war es üblich, höchstens einmal im Jahr eigens für die Kinder ein Fest zu veranstalten. Dies war meist der Geburtstag oder aber auch die Feier zum Namenstag. Heute haben die Eltern mehr Möglichkeiten, um mit ihren Kindern zu feiern.
In diesem Buch möchte ich Ihnen sechs für Kinder sehr beliebte Themen vorstellen, die nicht nur zu Hause, sondern auch im Kindergarten oder in der Schule, zum Beispiel bei Projekttagen, durchgeführt werden können. Im einleitenden Teil zeige ich auf, was Sie schon bei der Planung beachten sollten, damit dieser Tag allen viel Freude bereitet. Von den Einladungskarten über die Dekorationen und Accessoires bis hin zu den Bastelarbeiten mit den kleinen Gästen kann das meiste für ein Fest selbst gestaltet und gebastelt werden. Die verschiedenen Beispiele stellen eine Ideensammlung dar, woraus Sie individuell Dinge aufgreifen und verändern können.
Bei Kinderfesten sollten Sie die Kinder von der Planung an miteinbeziehen, denn sie wissen am besten, was ihnen und ihren Freunden Spaß macht. Deshalb ist es wichtig, mit ihnen über ihre eigenen Vorstellungen zu sprechen.
Vor allem beim Zusammenstellen der Einladungsliste, das Basteln der kleinen Geschenke für die Gäste und das Planen der verschiedenen Aktivitäten helfen die Kinder gerne mit. Dies sollte ihnen nicht vorenthalten werden. So wird es ihr eigenes Fest, für das sie sich mitverantwortlich fühlen.
Als Organisator eines Kinderfestes sollten Sie folgende Punkte beachten:

- ○ Thema des Festes
- ○ Wieviel Kinder können eingeladen werden und in welcher Altersstufe?
- ○ Werden Erwachsene als Helfer benötigt?
- ○ Ort des Festes, Garten oder Haus
- ○ Ablauf des Festes
  Welches Material muß beschafft werden?
- ○ Was kann vorbereitet werden?
- ○ Soll eine Überraschung für die Kinder gebastelt werden?

Alle hier vorgestellten Feste sind nach dem gleichen Schema aufgebaut. Zuerst werden passende Einladungskarten vorgestellt. Es folgen Dekorationen wie Tischkarten, Sets, verzierte Trinkhalme und Spieße, teilweise auch Girlanden. Im Anschluß daran finden Sie eine Menge von Möglichkeiten, die Sie im weiteren Verlauf der Feier zur Beschäftigung der Kinder einsetzten können. Einige Bastelarbeiten eignen sich sowohl für Aktivitäten in der Wohnung als auch beim Spielen im Freien.
Eine Reihe von Vorschlägen sind jahreszeitlich gebunden, wie zum Beispiel die Arbeiten für Ostern, Nikolaus und Weihnachten. Ganz abgesehen von der Möglichkeit, die Ideen bei Festen beliebig zu variieren, eignen sich die meisten Beispiele auch zum "einfach nur mal so – ohne herausragenden Grund – Basteln". Etwas kreativ zu gestalten ist immer wieder schön.

Material

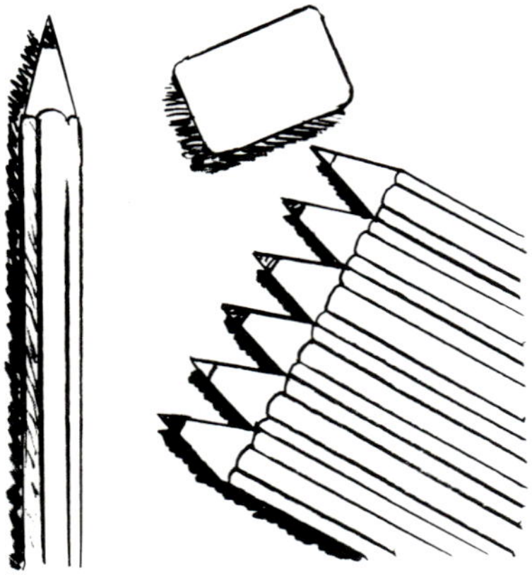

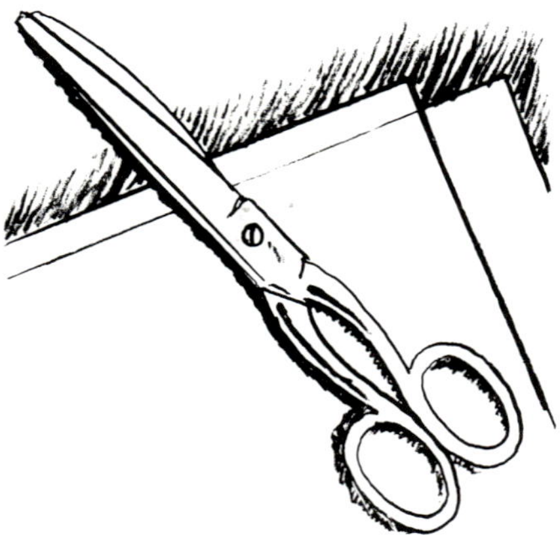

Papier
Die meisten der vorgestellten Arbeiten werden aus dem Werkstoff Papier hergestellt. Papier ist ein so vielseitiges Arbeitsmaterial, das sich für die schönsten kreativen Basteleien eignet, denn es weist zahlreiche unterschiedliche Eigenschaften auf. Es kann dünn oder dick, aber auch glatt oder rauh, weiß oder bunt sein. Man kann es schneiden, falten, reißen, bekleben oder bemalen, um nur einige Beispiele zu nennen. Kinder sind mit diesem Werkstoff von klein auf vertraut. Ohne lange Vorbereitungszeiten können Sie beim Basteln gute Ergebnisse erzielen.

Hilfsmittel
Für die meisten der vorgestellten Arbeiten benötigen Sie eine Kinderpapierschere, Blei- oder Farbstifte, Transparentklebefilm und Klebstoff.
Bevor Sie mit der Arbeit beginnen, ist es ratsam, die Materialangabe und die Arbeitsanleitung genau zu lesen.

Damit es ein schönes Fest wird

Rund um die Organisation
Tragen Sie alle notwendigen Materialien und Werkzeuge zusammen, damit ohne Unterbrechung gebastelt werden kann. Wichtig ist auch zu bedenken, wo mit den Kindern gearbeitet wird. Die Arbeitsfläche sollte groß genug sein und allen Beteiligten Sitzmöglichkeiten bieten.

Das können Sie schon vorher tun
Haben Sie vor, mit mehreren Kindern zu basteln, ist es empfehlenswert, das Motiv schon einmal vorher, wenn möglich mit einem Kind, anzufertigen. Dadurch sehen Sie, ob ein Kind dieser Altersstufe zu der Arbeit fähig ist. Nichts ist frustrierender, als wenn die Kinder überfordert werden. Eventuelle Schwierigkeiten sind somit ausgeräumt, und die Kinder haben gleich ein Anschauungsobjekt. Haben Sie die Absicht bestimmte Arbeiten in größerer Anzahl zu fertigen, erleichtert eine nach der Vorlage ausgeschnittene Schablone aus festem Karton die Arbeit.

Die Beschaffung des Arbeitsmaterials ist recht einfach. Viele Dinge werden Sie schon im Haus haben. Die verschiedenen Papiersorten gibt es im Schreibwarenhandel oder in Bastelgeschäften zu kaufen.

Kurz vor dem Fest
Wenn es dann soweit ist und alle Kinder versammelt sind, sollten Sie noch folgende Punkte beachten: Zuerst die Bastelarbeit genau besprechen und den Arbeitsvorgang in Abschnitte unterteilen. Die Kinder soviel wie möglich selbstmachen lassen und so wenig wie möglich helfen. Nach den Maßstäben von Erwachsenen sehen Kinderbasteleien oft nicht schön und unordentlich aus. Machen Sie sich davon frei, und lassen Sie den Kindern ihren eigenen Stil.

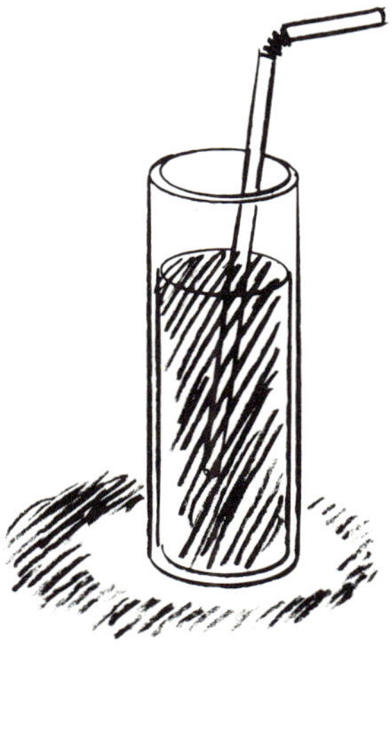

Grundanleitungen

Einladungskarten
Mit solch einer Überraschungskarte die Freunde einzuladen, macht den Kindern viel Spaß. Öffnet man sie, so kommt dem Betrachter das Motto des Festes förmlich entgegengesprungen. Die Karten sind alle nach einem ähnlichen Prinzip gefertigt.

Faltversion 1:
Falten Sie eine DIN A4-Blatt (29,7 x 21 cm) der Länge nach zur Hälfte und schneiden es an dieser Linie durch. So erhalten Sie zwei Karten (29,7 x 10,5 cm). Diese Karte wird einmal in der Mitte (Bruch und Gegenbruch) gefaltet. Dies ergibt das Format DIN A6 und entspricht dem Format von Postkarten. Die obere Ecke wird im Bruch und Gegenbruch gefaltet. Anschließend das neu entstandene Dreieck nach innen drücken. Bei den auf diese Art gefalteten Karten wird das Motiv, das hervortreten soll, nur noch aufgeklebt.

Einladungskarte
1. 29,7 x 10,5

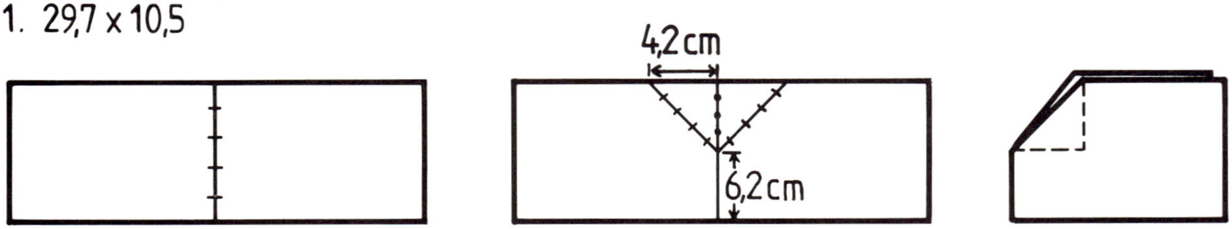

Faltversion 2:
1. Falten Sie ein DIN A4-Blatt (Schreibpapier) von der Längs- und von der Breitseite jeweils zur Hälfte (Bruch und Gegenbruch).
2. Das Blatt auf die Größe von DIN A5 (21 x 14,85 cm) zusammenlegen.
3. Den Punkt X zwischen AB und CD deckungsgleich auf die äußere Kante legen und falzen (Bruch und Gegenbruch).
4. Das Blatt ganz öffnen.
5. Die Linien CZ, DZ und MZ nach oben falzen.
6. Die Linie ZX nach unten falten und nach innen ziehen. Dabei schließt sich die Karte automatisch.
7. Die beiden Dreiecke abschneiden.
8. Alles was nun schwarz schraffiert ist, wird beim Schließen der Karte versteckt. Je nach Thema des Festes werden die verschiedenen Motive aufgeklebt und alle überstehenden Teile mit der Schere abgeschnitten.

2. DIN A4

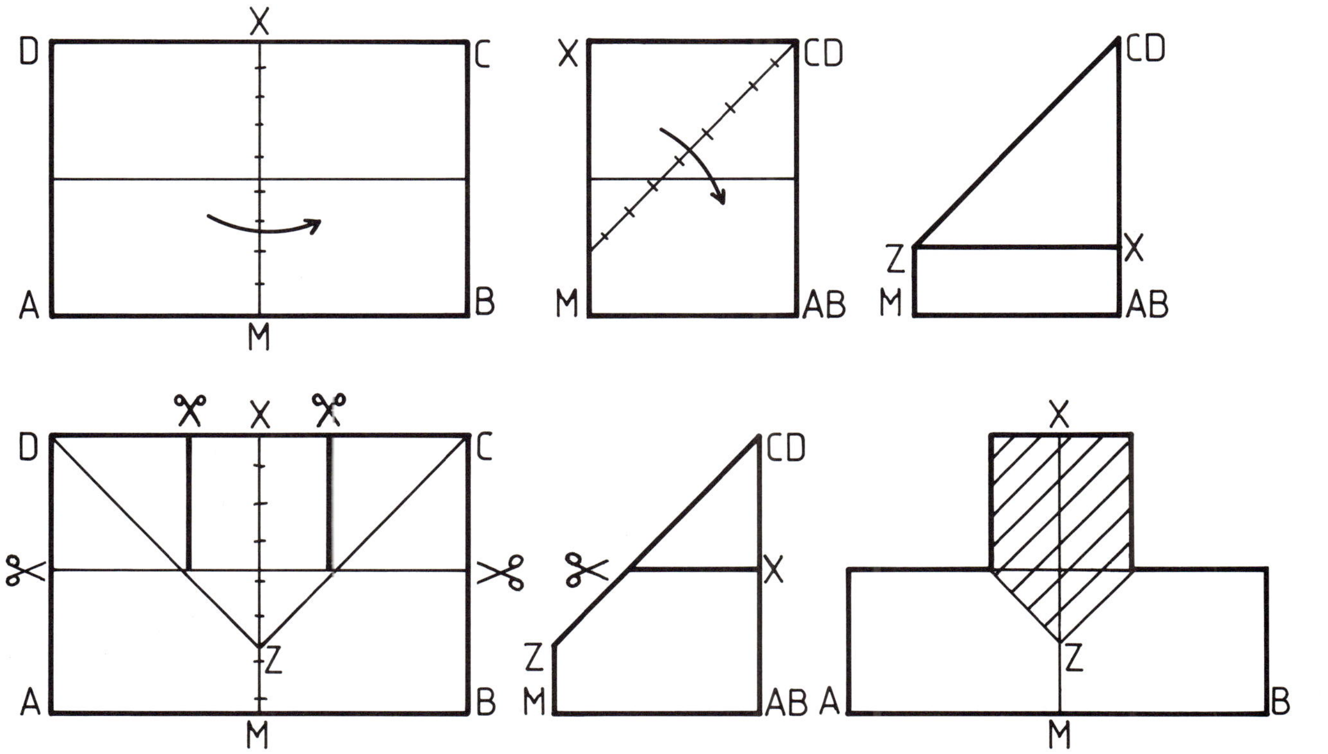

Tüten

Diese Tüten sind für Kinder leicht zu basteln und eignen sich für viele Verwendungszwecke. Kleine Arbeiten, welche die Kinder während des Festes gebastelt oder geschenkt bekommen haben, lassen sich gut darin verwahren.

Das DIN A4-Blatt ca. 0,5 bis 1 cm von der gedachten Mittellinie entfernt quer falten, so daß ein Rand übersteht (blaue Tüte). Diesen Rand umfalten, ankleben und festdrücken. Die Mitte des unteren Randes bestimmen, indem Sie die Tüte halbieren und leicht falten. Die beiden unteren Ecken nach oben biegen und die zwei entstandenen Dreiecke fest umfalzen. Die hochgeklappten Dreiecke noch einmal nach oben falten, so daß eine parallele Linie entsteht. Das gleiche im Gegenbruch ausführen (gelbe Tüte). Die Tüte von unten öffnen und hineingreifen. Die Seitenteile werden zur Mitte gefaltet und bilden den Boden (braune Tüte). Die beiden daraus entstandenen Dreiecke zum Teil nach oben falten. Das gleiche im Gegenbruch ausführen (grüne Tüte). Zum Schluß beide neu entstanden Dreiecke zur Mitte falten und mit ankleben (rote Tüte).

Bei der Osterhasentüte von Seite 27 und der Clowntüte von Seite 19 ist jeweils noch ein weiterer Faltgang nötig. Dazu werden die Tüten beidseitig noch im Bruch und Gegenbruch gefaltet. Das entstandene schmale Dreieck wird nach innen gedrückt.

Sets
Sind die Sets fertiggestellt, sollten sie noch von beiden Seiten mit einer Schutzschicht aus selbstklebender Klarsichtfolie überzogen werden, damit sie abwaschbar sind und Flecken nicht aufnehmen.
Legen Sie das Set auf die Rückseite der Klarsichtfolie, und zeichnen Sie mit ca. 3 cm Randzugabe die Form des Sets nach. Nicht mit Folie sparen, schneiden Sie lieber zum Schluß ein Stück ab. Bei der Folienklebearbeit ist bei kleineren Kindern die Hilfe eines Erwachsenen nötig.
Das Set auf eine saubere, glatte Stoffunterlage (z. B. eine Tischdecke) legen. Die Folie nur zu einem Teil, 10 bis 15 cm weit, von der Schutzschicht abziehen und an einer Seite des Sets mit dem Bekleben beginnen. Während Sie vorsichtig und langsam kleben, können Sie mit der Hand evtl. auftretende Luftblasen und Unebenheiten sofort herausstreichen. Erst wenn alles glatt aufliegt, das Schutzpapier weiter ablösen und die Folie aufkleben. Das von einer Seite fertigbeklebte Set wenden, und auf der anderen Seite, wie zuvor beschrieben, die zweite Folie aufbringen. Die Folie bis auf 1 cm überstehenden Rand abschneiden.

Daumenkino
Aus dem Zeichenpapier einen 20 x 7,5 cm langen Streifen schneiden. In der Mitte falten (10 x 7,5 cm). Auf den oben liegenden Teil das Motiv übertragen, wobei am unteren Rand ca. 2 cm freibleiben müssen. Kohlepapier zwischen die Papierstücke legen und die bei beiden Zeichnungen identischen Linien durchpausen, so daß die Bilder deckungsgleich sind (gegen das Licht halten). Die Motivteile vervollständigen. Beide verschiedene Motive gleichfarbig anmalen.
Das oben liegende Blatt wird um einen Stift gerollt. Indem Sie den Stift schnell von oben nach unten bewegen, sieht es so aus, als ob sich das Motiv verändern würde.

Schiebekarte
Bei diesen Karten bewegt sich etwas! Alle Beispiele sind nach einem Prinzip gearbeitet. Aus Fotokarton wird ein 20 x 9 cm langer Streifen geschnitten und in der Mitte gefalzt, so daß sie die Maße 10 x 9 cm erhalten. Dieser Streifen wird immer eingeschnitten, damit etwas durchgeschoben werden kann. Zum Schluß wird er seitlich mit Transparentklebefilm zugeklebt und ergibt eine "Tüte". Für innen fertigen Sie einen etwas schmäleren, aber längeren Streifen aus Fotokarton, auf den Sie dann das zu schiebende Teil mit Transparentklebefilm aufkleben.

Clownfest

Clowneinladungskarte

Material
Grünes und lilafarbenes Tonpapier, gelbes und rotes Leuchttonpapier, weißes Zeichen- oder Tonpapier, Bunt- oder Filzstifte, evtl. bewegliche Augen, Klebstoff

Ausführung
Die Karte wird nach der Faltversion 1, Seite 8, gearbeitet. Übertragen Sie den Clownkopf (A5) vom Vorlagenbogen auf weißes Papier und bemalen ihn mit den Stiften. Die Augen zeichnen oder die beweglichen Augen aufkleben. Nun die Schleife (A9) auf farbiges Tonpapier übertragen und ausschneiden. Zusammen mit einem schmalen Streifen Tonpapier kleben Sie das kleine Herz oder den Stern von hinten an den Hut. Den fertigen Clownkopf und die Schleife auf die gefaltete Karte kleben.

Luftballonkarte

Material
Weißes Zeichen- oder Tonpapier, Klebstoff, farbige Leuchttonpapiere, schwarzer Filzstift

Ausführung
Die Karte nach der Faltversion 2, Seite 9, falten. Sechs Luftballons (A2) vom Vorlagenbogen auf Leuchttonpapier übertragen, ausschneiden und auf die Karte kleben. Mit Filzstift die Fäden malen und die Karte, wie auf der Abbildung dargestellt, zurechtschneiden.

EINLADUNG

Clownset

Material
Weißer Fotokarton, grünes Leuchttonpapier, rotes, gelbes und schwarzes Zeichen-, Bunt- oder Tonpapier, lilafarbenes Regenbogenpapier, selbstklebende Klarsichtfolie, Klebstoff, schwarzer Filzstift

Ausführung
Den Clownkopf (A3) auf Fotokarton übertragen und ausschneiden. Alle Teile, wie auf der Abbildung unten zu sehen ist, übertragen, ausschneiden und auf den Fotokarton aufkleben. Die Augen werden mit schwarzem Filzstift nachgezeichnet. Nach der Beschreibung von Seite 11 das Set mit selbstklebender Folie überziehen.

Kleine Clownspieße

Material
Weißes Zeichen- oder Tonpapier, Zahnstocher, Farb- oder Filzstifte, Klebstoff oder Transparentklebefilm

Ausführung
Die Clownköpfe (A1) und (A4) auf weißes Zeichen- oder Tonpapier übertragen und bemalen. Die Teile ausschneiden und mit etwas Klebstoff oder Transparentklebefilm an den Zahnstochern befestigen.

Kleine Kreppapierspieße

Material
Farbiges Kreppapier, Zahnstocher, Klebstoff

Ausführung
Aus Kreppapier je einen Streifen 15 x 8 cm und 18 x 9 cm ausschneiden. Dabei die Struktur des Papiers beachten. Bei dem gelbroten Spieß wurde Rot in der Laufrichtung und Gelb quer dazu geschnitten. Die Streifen kammartig einschneiden. Den Rand des Kreppapiers mit Klebstoff bestreichen, um den Zahnstocher wikkeln und auffächern.

Trinkhalme

Material
Verschiedenfarbiges Lochband, Kräuselband, Trinkhalme

Ausführung
Lochbandschleife anfertigen und mit Kräuselband an den Trinkhalm binden.

Girlanden

Material
Verschiedenfarbiges Kreppapier

Ausführung
Von der ganzen Kreppapierrolle mehrere ca. 3 bis 4 cm breite Streifen abschneiden. In der Mitte zusammenfassen und kuppelförmig dekorieren.

Tischkarten

Material
Farbiges Leuchttonpapier, weißes Zeichen- oder Tonpapier, Farbstifte, farbigen Lochstreifen, Zahnstocher, Klebstoff

Ausführung
Aus Leuchttonpapier 12 x 8 cm große Rechtecke ausschneiden, der Länge nach und zur Hälfte falten. Den Clownkopf (A1) und (A4) übertragen, bemalen und ausschneiden. Kopf an der Karte ankleben oder an einem Zahnstocher befestigen und durch den Falz der Karte stecken.
Ebenso verfahren Sie mit der Schleife aus Lochband.

Schleifen aus Lochband

Material
Farbiges Lochband, farblich passendes Kräuselband

Ausführung
Lochband ist in verschiedenen Farben und Ausführungen erhältlich. Schneiden Sie ein Rechteck von 8,3 x 5 cm ab. In der Mitte binden Sie die Schleife mit einem Band fest ab und kräuseln die Enden.

Wasserbombenclown

Material
Farb- und Filzstifte, bewegliche Augen, aufgeblasene Wasserbombe, zwei große Schuhe (A8) aus Tonpapier, zwei farbige Papierkugeln, zwei Hände (A7) aus Leuchttonpapier, Clownkopf (A5)

oder (A6), Hut aus Leuchttonpapier, Lochbandschleife, evtl. Namensschild oder Ziehharmonika aus Leuchttonpapier, Klebstoff, Transparentklebefilm

Ausführung
Die Teile auf Tonpapier übertragen und ausschneiden. Auf die Füße werden die Papierkugeln geklebt. Gut trocknen lassen. Währenddessen den Clownkopf fertigstellen, indem Sie die Haare und die Augenbrauen aufmalen, den Mund, die Nase, die beweglichen Augen und den Hut mit Herz oder Stern aufkleben. Nun die Wasserbombe mit dem Knoten nach oben auf den Schuhen ankleben. Den Kopf mit Transparentklebefilm von hinten an den Knoten kleben. Die Lochbandschleife mit Kräuselband anbinden. Die Hände seitlich ankleben. Soll der Clown als Tischkarte gedacht sein, so bekommt er noch das Namensschild von innen an die Hände geklebt. Sie können ebenso eine Ziehharmonika ankleben.

Clownwürfelspiel

Material
Für dieses Spiel benötigen Sie pro Mitspieler die Teile für einen kompletten Clown.

Spielregel
Es wird reihum gewürfelt, der jüngste Mitspieler beginnt. Die Zahl, die er gewürfelt hat, bestimmt die Teile, die er sich vom Spielfeld nehmen kann. Beispiel: Würfelt ein Mitspieler eine 4, so darf er sich zwei Hände nehmen. Auf diese Weise können sich die Teilnehmer ihren Clown selbst zusammenstellen. Wird von einem Mitspieler eine Zahl zweimal hintereinander gewürfelt, muß er aussetzen. Erst wenn alle Mitspieler die Teile für ihren Clown erhalten haben, wird mit dem Basteln begonnen.

1
2
3
4
5
6

Schiebekarte

Material
Roter und lilafarbener Fotokarton, weißes Zeichen- oder Tonpapier, rotes Leuchttonpapier bewegliche Augen, Farbstifte, Klebstoff und Transparentklebefilm

Ausführung
Aus lilafarbenem Fotokarton ein Rechteck, 24 x 10 cm, ausschneiden und in der Mitte falten. Den Clownkopf (A5) auf Tonpapier aufkleben. Den Mund mit einer spitzen Schere oder einem Skalpell (Vorsicht Verletzungsgefahr, gehört nicht in Kinderhände!) durch den Fotokarton hindurch aufschneiden. Das Rechteck umklappen und seitlich mit Transparentklebefilm zukleben. Aus rotem Fotokarton ein Rechteck und die Zunge ausschneiden. Die Zunge mit Transparentklebefilm befestigen und das Rechteck in die lilafarbene "Tasche" einführen. Die Zunge darf nie ganz im Mund verschwinden. Ziehen Sie an dem roten Fotokarton, zeigt der Clown seine Zunge.

Daumenkino

Material
Weißes Zeichenpapier, Farbstifte, Kohlepapier, neutraler Stift

Ausführung
Beschreibung Seite 11. Auf den oben liegenden Teil den Clownkopf A1 und auf den unteren A4 übertragen: Die identischen Linien durchpausen. Anschließend beide verschiedenen Köpfe gleichfarbig anmalen. Indem Sie den Stift schnell von oben nach unten bewegen, sieht es so aus, als ob sich die Züge des Clowns von einem lachenden zu einem traurigen Gesicht verändern würden.

Clownkopfanstecker

Material
Karton, weißes Zeichen- oder Tonpapier, Farbstifte, Anstecknadeln, Klebstoff

Ausführung
Einen Clownkopf (A1) auf weißes Zeichen- oder Tonpapier übertragen, anmalen und ausschneiden. Auf Karton einen Kreis (Radius 3 cm) übertragen, ausschneiden und den bemalten Clownkopf aufkleben. Den Anstecker wenden und eine Anstecknadel aufbringen.

Schleifenanstecker

Material
Farbiges Lochband, farblich passendes Kräuselband, Anstecknadeln

Ausführung
Eine Lochbandschleife anfertigen. Anstecknadel mit Kräuselband an der Schleife befestigen.

Clowntüten

Material
Weißes Zeichenpapier oder buntes Geschenkpapier, weißes Tonpapier, Farbstifte, Klebstoff, eventuell Lochband, bewegliche Augen und Papierschirmchen

Ausführung
Aus weißem Zeichen- oder buntem Geschenkpapier ein Rechteck von 21 x 14,8 cm (DIN A5) ausschneiden. Das weiße Zeichenpapier nach eigenen Ideen bemalen. Nun die Tüte wie auf Seite 10 beschrieben falten, Zusatzfaltung beachten. Auf weißes Ton- oder Zeichenpapier den Clownkopf (A5) oder (A6) übertragen, anmalen und ausschneiden. Eventuell bewegliche Augen aufkleben. Bei einem Clown wurde der Hut mit kleinen Metallsternchen verziert und der türkisfarbene Stern zusammen mit einem schmalen Streifen Fotokarton am Hut angeklebt. Anschließend eine Lochbandschleife oder ein gekauftes Papierschirmchen ankleben.

Clownhütchen

Material
Rotes oder grünes Leuchttonpapier, Gummiband, Transparentklebefilm

Ausführung
Für das kleine Hütchen mit dem Zirkel einen Halbkreis mit dem Radius von 11 cm, für das größere Hütchen einen Halbkreis mit dem Radius von 14 cm auf das Tonpapier übertragen und ausschneiden. Den Halbkreis zu einem Hut formen und mit Transparentklebefilm schließen. Zur Befestigung des Hutes am Kopf können Sie Haarklammern verwenden oder Sie binden ein Gummiband von rechts nach links seitlich am Hut fest.

Schleife

Material
Orangenfarbenes Kreppapier, farblich passendes Kräuselband

Ausführung
Aus Kreppapier ein 40 x 20 cm großes Rechteck ausschneiden und in der Mitte knoten. Ein ca. 80 cm langes Stück Kräuselband durch den Knoten schieben. Die beiden Enden des Kräuselbandes werden locker um den Hals gebunden.

Clownnase

Material
Eierkarton, rote Fingerfarbe, Gummiband

Ausführung
Mit einer großen Schere ein "Körbchen" aus dem Eierkarton ausschneiden, mit roter Fingerfarbe anmalen und trocknen lassen. Anschließend jeweils seitlich ein Loch bohren. Das Gummiband durchziehen und festknoten.

Klatsche

Material
Farbiges Zeichenpapier (auch Zeitungs- oder Illustriertenpapier) DIN A4, 29,7 x 21 cm

Ausführung
1. Das Blatt einmal der Länge und der Breite nach zur Hälfte falten. (Bruch und Gegenbruch). Wieder öffnen. Alle vier Ecken bis zur Mittellinie CD falten.
2. Die eine Hälfte um die Mittellinie AB klappen.
3. Die Faltarbeit auf beiden Seiten einmal zur Linie M-CD falten.
4. Klatsche an den Punkten A und B fassen, schnell nach vorn durch die Luft ziehen, und schon knallt es!

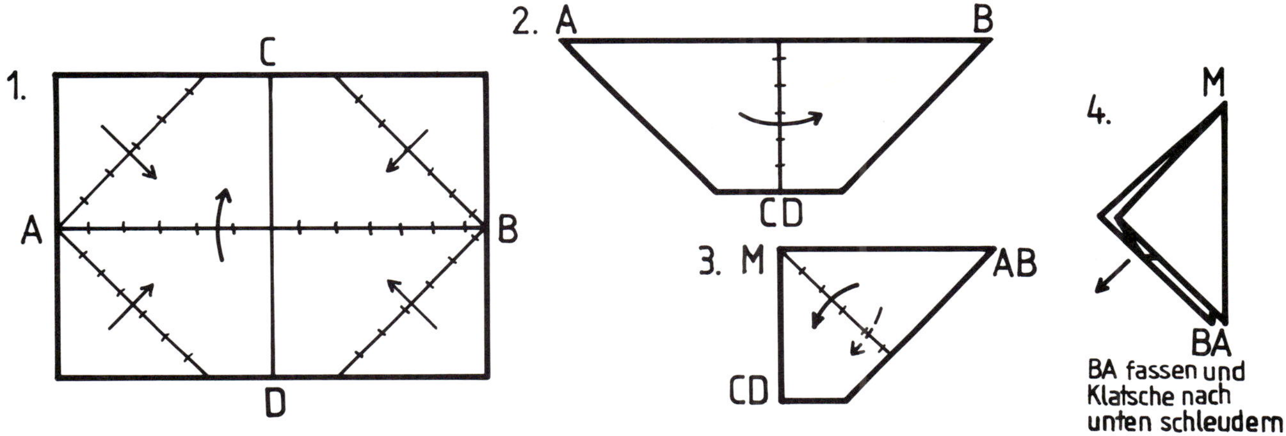
1.
C
A
B
D
2. A
B
CD
3. M
AB
CD
4.
M
BA
BA fassen und
Klatsche nach
unten schleudern

Osterfest

Haseneinladungskarte

Material
Braunes Ton- oder Packpapier, rosa Zeichen- oder Buntpapier, schwarzes Tonpapier, schwarzer Filzstift

Ausführung
Die Karte wird nach Faltversion 2, Seite 9, gefaltet. Nun den Hasenkopf (B1) vom Vorlagenbogen mit Hilfe von Kohlepapier übertragen und ausschneiden. Mit dem Filzstift die Gesichtslinien und Augen nachfahren. Rosa Innenteile der Ohren, Nase und Barthaare ebenfalls übertragen, ausschneiden und aufkleben.

Eiersets

Material
Weißer Fotokarton oder Tonpapier, Wachsmalstifte, selbstklebende Klarsichtfolie

Ausführung
Das große Ei (B2) vom Vorlagenbogen übertragen, ausschneiden und nach eigenen Vorstellungen mit farbigen Wachsmalstiften bemalen. Wie auf Seite 11 beschrieben mit selbstklebender Folie beziehen.

Eiergirlanden

Material
Weißes Zeichenpapier (es eignet sich auch Umweltpapier), bunte Wachsmalstifte, Transparentklebefilm, Klebstoff, Kräuselband

Ausführung
Die Eierform (B3) auf ein DIN A4-Blatt übertragen und mit Wachsmalstiften nach eigenen Ideen anmalen. Jetzt erst ausschneiden und jeweils zwei bemalte Eiformen mit den Rückseiten gegeneinanderkleben. Sind genügend Eier angefertigt, werden sie mit Klebeband an einem Kräuselband oder einer Schnur festgeklebt.

Einladung
Liebe Hanna,
wir möchten im Kindergarten
ein Frühlingsfest feiern und
dabei Osterschmuck basteln.

Trinkhalme

Material
Braunes Ton- oder Packpapier, rosa Zeichen- oder Buntpapier, schwarzes Tonpapier, schwarzer Filzstift, Klebstoff, Transparentklebefilm

Ausführung
Hasenkopf (B1) auf Ton- oder Packpapier, Nase und Ohreninnenteile auf rosa Zeichen- oder Buntpapier, Schnurrbart auf schwarzes Tonpapier übertragen und ausschneiden. Gesichtslinien mit Filzstift nachfahren und die ausgeschnittenen Teile – gemäß der Vorlage – aufkleben und trocknen lassen. Anschließend den Hasenkopf mit Transparentklebefilm am Trinkhalm befestigen.

Tischkarten

Material
Lilafarbener Fotokarton, gelbes und rotes Tonpapier, Zahnstocher, schwarzer Filzstift, Klebstoff

Ausführung
Aus Fotokarton einige Quadrate mit der Seitenlänge 10 cm ausschneiden und über ein Lineal zur Hälfte falten. Das Küken (B4) und seine Flügel zweimal auf gelbes, den Schnabel einmal auf rotes Tonpapier übertragen und ausschneiden. Den Zahnstocher und den Schnabel zwischen die beiden, die Flügel auf die Kükenkörper kleben. Die Augen mit Filzstift aufmalen. In den Falz der Tischkarte ein Loch stechen und den Zahnstocher mit dem Küken hineinstecken.

Narzissen

Material
Gelber und weißer Fotokarton, Eierkarton, gelbe und orange Fingerfarbe, Schaschlikspieße, Klebstoff, Transparentklebefilm

Ausführung
Blütenblätter nach Vorlage B8 und Eierkartonteile ausschneiden. Die Eierkartonteile mit Fingerfarbe anmalen, trocknen lassen und mit Klebstoff auf die Fotokartonblüte aufkleben. Die fertige Blüte mit Transparentklebefilm am Schaschlikspieß befestigen.

Eierkartonkörbchen

Material
Eierkarton (von einer großen Palette), etwas Kräuselband, Klebstoff

Ausführung
Mit der Schere das Körbchen von einem Eierkarton abschneiden. Vom Kräuselband 10 bis 11 cm lange Stücke abschneiden und diese innen an zwei gegenüberliegenden Seiten mit Klebstoff ankleben.

Küken

Ausführung wie bei der Tischkarte von Seite 25. Der Zahnstocher entfällt, dafür einen Nähseidefaden mit einer Nadel an der mit "x" gekennzeichneten Stelle durchstechen und verknoten.

Osterhasentüte Abb. Seite 27

Material
Braunes Ton- oder Packpapier, rosa und schwarzes Ton- oder

Buntpapier, schwarzer Filzstift, weiße Papier- oder Wattekugel und Klebstoff

Ausführung
Aus einem braunen Ton- oder Packpapier ein Rechteck von 21 x 14,8 cm (DIN A5) ausschneiden und dieses, gemäß der Anleitung auf Seite 10 zu einer Tüte falten, Zusatzfaltung beachten. Den Hasenkopf (B1), wie bei der Anleitung Trinkhalme, Seite 25, beschrieben, anfertigen und auf die Tüte kleben. An der hinteren Seite der Tüte unten noch eine weiße Papier- oder Wattekugel mit Klebstoff anbringen.

Eieranstecker

Material
Verschieden farbiger Fotokarton, Farbstifte, Metallsternchen und -herzchen, selbstklebende Klarsichtfolie, Anstecknadeln, Klebstoff

Ausführung
Die Eiform (B5) wird auf einen Fotokarton übertragen und nach den eigenen Ideen der Kinder gestaltet. Sie können diese Anstekker bemalen oder mit Metallsternchen oder Herzchen belegen. Danach werden sie zum Schutz mit selbstklebender Klarsichtfolie beklebt. Wenden, auf der Rückseite eine Anstecknadel mit Klebstoff aufbringen und gut trocknen lassen. Wollen Sie diese Anstecker an einen Osterstrauß hängen, sollten sie von beiden Seiten verziert werden. Mit einer Nadel den Faden durchziehen und verknoten.

Kleine Blumenanstecker

Material
Weißer und gelber Fotokarton, Eierkartonteile, gelbe und orangefarbene Fingerfarbe, Anstecknadeln, Klebstoff

Ausführung
Blüten (B3) und Eierkartonteile ausschneiden. Eierkarton mit gelber oder orangefarbener Fingerfarbe bemalen, trocknen lassen und in der Mitte der Blütenteile (x) aufkleben. Wenden und auf der Rückseite die Anstecknadel mit Klebstoff aufbringen. Möchten Sie diese Blüten an einen Osterstrauß hängen, stechen Sie am oberen Rand eines Blütenblattes eine Nadel mit Faden durch. Den Faden verknoten.

Daumenkino

Material
Weißes Zeichenpapier, Farb- und Filzstifte, neutraler Stift, Kohlepapier

Ausführung
Aus dem Zeichenpapier einen 20 x 7,5 cm langen Streifen schneiden. In der Mitte knicken, so daß man zweimal das Maß 10 x 7,5 cm erhält. Auf das oben liegende Blatt das Ei (B7) übertragen. Nun Kohlepapier dazwischenlegen und die bei beiden Zeichnungen identischen Linien durchpausen (gegen das Licht gehalten, müssen die beiden Eier deckungsgleich sein).
Anschließend auf dem unten liegenden Blatt noch das Ei (B6) vervollständigen, den Kükenkopf anmalen.
Das oben liegende Blatt wird um einen Stift gerollt. Indem Sie den Stift schnell von oben nach unten bewegen, sieht es so aus, als ob das Küken aus dem Ei schlüpft und wieder hinein verschwindet.

Blüte

Material
Weißes Zeichenpapier, Farbstifte, Kohlepapier

Ausführung
Aus dem Zeichenpapier einen 20 x 7,5 cm langen Streifen schneiden. In der Mitte knicken, so daß Sie zweimal das Maß 10 x 7,5 cm erhalten. Auf das oben liegende Blatt die einfache Blüte (B10) übertragen. Nun Kohlepapier dazwischenlegen und die bei beiden Blumen identischen Linien durchpausen. Gegen das Licht gehalten, müssen die beiden Blüten und Stiele dekkungsgleich sein.
Auf das unten liegende Zeichenblatt noch die zwei fehlenden (schraffierten) Blütenblätter übertragen und anmalen.
Das oben liegende Blatt wird jetzt um einen Stift gerollt. Indem Sie den Stift schnell von oben nach unten bewegen, sieht es so aus, als ob sich die Blüte öffnen und schließen würde.

Schiebekarten

Eierlegendes Huhn und aus dem Ei schauendes Küken

Material
Weißer und farbiger Fotokarton, Filzstifte, Klebstoff und Transparentklebefilm

Ausführung
Aus dem Fotokarton ein 20 x 9 cm großes Rechteck ausschneiden und in der Mitte falten (zweimal 10 x 9 cm).

Huhnkarte

Huhn (B9) übertragen, mit Filzstift nachmalen und an der vorgesehenen Stelle mit einer spitzen, kleinen Schere einschneiden.
Innenteil: (Seite 29)

Kükenkarte

Ei auf weißen Fotokarton übertragen und ausschneiden. An der vorgesehenen Stelle mit einer spitzen, kleinen Schere einschneiden. Das Ei (B6) so darüberkleben, daß die Einschnittstelle nicht sichtbar ist.
Beide Rechtecke auf das Format 10 x 9 cm klappen und jeweils seitlich mit Transparentklebefilm zukleben.
Innenteile: Aus weißem Fotokarton ein 14 x 8,5 cm großes Rechteck und das Motiv ausschneiden. Den Kükenkopf anmalen und wie das Ei auf der vorgesehenen Stelle (siehe Vorlagenbogen) mit Transparentklebefilm befestigen. Weißes Rechteck in die farbige Fotokartontasche einführen, Kükenkopf ein ganz kleines Stück aus der Öffnung herausschauen lassen. Schieben oder ziehen Sie an dem überstehenden Fotokarton (Abbildung, siehe Pfeil), so legt das Huhn ein Ei oder das Küken schaut aus dem Ei heraus.

Dinofete

Einladungskarten

Material
Gelbes, grünes, blaues Zeichen- oder Tonpapier, schwarzer Filzstift

Ausführung
Diese Karten werden nach der Faltversion 2, Seite 9, gefaltet. Nach den einzelnen Faltgängen werden die Tierkörper (C1 – C3) gemäß dem Vorlagenbogen übertragen, ausgeschnitten und mit Filzstiften die Konturen nachgezeichnet.

Anstecker

Material
Fotokarton in verschiedenen Farben, Leucht- oder Farbstifte, schwarzer Filzstift, Anstecknadeln, Klebstoff

Ausführung
Die Saurier von der Vorlage auf Fotokarton übertragen, ausschneiden, die Konturen mit schwarzem Filzstift nachziehen und anmalen. Den Anstecker wenden und auf der Rückseite eine Anstecknadel mit Klebstoff aufbringen.

Tischkarten Abb. Seite 33

Material
Grüner, pink-, lila- und orangefarbener Fotokarton, Leuchtfarben, schwarzer Filzstift

Ausführung
Aus Fotokarton mehrere Rechtekke, 10 x 11 cm, ausschneiden, der Länge nach über ein Lineal zur Hälfte falten und wieder aufklappen. Einen kleinen Dinosaurier übertragen, die Konturen mit schwarzem Filzstift nachfahren und mit Leuchtfarben anmalen.

EINLADUNG
ZUR
DINOFETE

Saurierset

Material
Zeichenpapier, verschiedene Farbstifte, selbstklebende Klarsichtfolie

Ausführung
Auf einem DIN A3-Papierblatt (42 x 59,4 cm) dürfen die Kinder nach ihrer eigenen Phantasie ein Bild zum Thema des Festes (Dinosaurier) malen. Das Set wird mit einer Schutzschicht gegen Flekken mit selbstklebender Klarsichtfolie beklebt. Die Arbeitsanleitung dazu finden Sie auf Seite 11.

Trinkhalme und einfache Spieße

Material
Kreppapier in verschiedenen Farben, Trinkhalme oder Zahnstocher, Klebstoff

Ausführung
Aus Kreppapier einen 15 x 9 cm langen Streifen ausschneiden, auf einer Längsseite kammartig einschneiden, am Rand mit Klebstoff bestreichen und um den Trinkhalm oder den Zahnstocher kleben.

Kleine und große Spieße

Material
Farbiges Kreppapier, Schaschlikspieße oder Zahnstocher, Klebstoff

Ausführung
Aus Kreppapier je einen Streifen 15 x 8 cm und 18 x 9 cm schneiden. Dabei die Struktur des Papiers beachten.
Beim gelb-roten Spieß wurde Rot im Verlauf, Gelb quer dazu geschnitten. Jeden Streifen auf einer Längsseite kammartig einschneiden. Den Rand des Kreppapiers mit Klebstoff bestreichen, nacheinander um den Spieß wikkeln. Der größere Streifen wird nach innen genommen. Auffächern.

Palmen

Diese Palmen eignen sich gut als Tischdekoration. Sie können mit den Gästen gebastelt werden.

Material
Grünes Tonpapier, eventuell auch Kreppapier, braunes Tonpapier, Karton, grüne Fingerfarbe, Klebstoff

Ausführung
Aus braunem Tonpapier ein 20 x 15 cm, aus grünem Tonpapier ein 20 x 17 cm großes Rechteck ausschneiden. Das grüne Rechteck kammartig einschneiden, am unteren Rand mit Klebstoff bestreichen und übereinander auf das braune Tonpapierrechteck kleben. Alles zu einem Rohr drehen und am äußeren Ende zusammenkleben.
Für den Boden einen Karton mit grüner Fingerfarbe bemalen und trocknen lassen. Stamm am unteren Ende mehrmals ca. 0,5 cm tief einschneiden. Diese Streifen umknicken, mit Klebstoff bestreichen und auf den Karton kleben.

SIMON

Krokodil

Material
Grüner Fotokarton, weißes Zeichen- oder Tonpapier, Musterklammern, schwarzer Filzstift, Klebstoff

Ausführung
Krokodilteile (C4) vom Vorlagenbogen auf Fotokarton oder Tonpapier übertragen und ausschneiden. Mit Filzstift die Augen aufzeichnen. Die Zahnreihe aufkleben und die einzelnen Körperteile an den markierten Punkten mit den Musterklammern verbinden.

Krokodiltüte

Material
Grünes und weißes Zeichen- oder Tonpapier, rotes und schwarzes Buntpapier, Klebstoff

Ausführung
Ein grünes DIN A 4-Zeichen- oder Tonpapier der Länge nach zu einer schmalen Tüte, Seite 10, falten. Die fertige Tüte in der Hälfte falten und auf den oberen Teil den Krokodilkopf (C5) vom Vorlagenbogen übertragen und ausschneiden. Auf weißes Papier die Augen und die Zähne, auf rotes die Zunge und auf schwarzes die Pupillen übertragen und ausschneiden. Das Maul öffnen und an der inneren Oberseite die Zahnreihe, an der inneren Unterseite die Zunge ankleben. Die Pupillen auf die Augen kleben und beides an den vorgesehenen Stellen mit Klebstoff aufbringen.

Krokodildaumenkino

Material
Weißes Zeichenpapier, neutraler Stift, schwarzer Filzstift, grüner Farbstift

Ausführung
Aus weißem Zeichenpapier einen 20 x 7,5 cm langen Streifen schneiden und zur Hälfte knikken. Nun auf den oben liegenden Teil einen Krokodilkopf übertragen. Kohlepapier dazwischenlegen und die bei beiden Zeichnungen identischen Linien durchpausen. Gegen das Licht gehalten müssen die beiden Krokodile deckungsgleich sein. Nun das zweite Krokodil vervollständigen und beide verschiedenen Köpfe gleichfarbig anmalen. Das oben liegende Blatt wird nun um den Stift gerollt. Indem Sie den Stift schnell von oben nach unten bewegen, öffnet und schließt das Krokodil sein Maul.

Saurier Abb. Seite 36/37

Material
Farbiger Fotokarton, Klebstoff, Filzstifte, Musterklammern

Ausführung
Die Saurierteile (C6 – C9) vom Vorlagenbogen auf Fotokarton übertragen und ausschneiden. Mit Filzstift die Augen und Münder aufzeichnen.
Beim lila- und pinkfarbenen Saurier die einzelnen Körperteile an den markierten Stellen mit Musterklammern verbinden.
Orangefarbener Saurier: Zuerst die Platten am Rücken und Schwanz von beiden Seiten aufkleben und trocknen lassen. Anschließend die einzelnen Körperteile mit Musterklammern verbinden.
Gelber Flugsaurier: Flügel an der markierten Linie knicken und mit

dem Körper (Linie) zusammenkleben. Nun die Füße an die bezeichneten Stellen kleben.
Soll der Saurier z. B. am Fenster aufgehängt werden, befestigen Sie an den Flügelspitzen einen Aufhängefaden.

Vulkan

Material
Packpapier, Kartonrolle (WC-Papier), Karton, rotes, gelbes, orangefarbenes Transparentpapier, Klebstoff

Ausführung
Ein Quadrat mit Seitenlänge 30 cm aus Packpapier ausschneiden und über eine Kartonrolle modellieren, dabei das Papier mit beiden Händen fest an die Rolle drücken. Oben den Kreisausschnitt von der Mitte aus sternförmig einschneiden, Zacken nach innen falten und mit Klebstoff festkleben. Die Unterseite des abstehenden Packpapiers mit Klebstoff bestreichen, auf einen Karton kleben, trocknen lassen und beschneiden (unregelmäßig kreisförmig), ca. 18 cm im Durchmesser. Aus rotem, gelbem und orangefarbenem Transparentpapier spitz zulaufende Streifen ausschneiden, zusammenfassen, in die Vulkanöffnung stecken oder kleben.

Sommerfest

Da die Raupe sehr oft gebraucht wird, möchte ich sie gleich zu Anfang beschreiben.

Raupe

Material
Bürolocher, Regenbogenpapier, schwarzes Zeichen- oder Tonpapier, Filzstift, Klebstoff

Ausführung
Raupenkörper (D1) und Kopf auf Regenbogenpapier übertragen, ausschneiden und zusammenkleben. Für die Fühler aus schwarzem Zeichen- oder Tonpapier zwei Streifen schneiden. Mit dem Locher zwei Kreise ausstanzen. Alle Teile, wie aus der Vorlage ersichtlich, zusammenkleben.

Einladungskarte mit Raupe

Material
Bürolocher, gelbes, grünes, blaues und schwarzes Zeichen- oder Tonpapier, Regenbogenpapier, Filzstift, Klebstoff

Ausführung
Einladungskarte nach der Faltversion 1, Seite 8, falten. Fertiggestellte Raupe, wie aus der Abbildung ersichtlich, auf die Einladungskarte kleben.

Tischkarten

Material
Weißes oder schwarzes Tonpapier oder Fotokarton, Regenbogenpapier, Filzstift, Klebstoff

Ausführug
Aus Tonpapier oder Fotokarton 10 x 8 cm große Rechtecke ausschneiden und über ein Lineal zur Hälfte falten. Raupe wie beschrieben fertigstellen und oben links auf die Tischkarte kleben.

Sarah
Alex
Christine
Einladung
Wann: Montag, 28.8
um 15 Uhr
Wo : bei uns im Garten
Viele Grüße Deine
Sarah

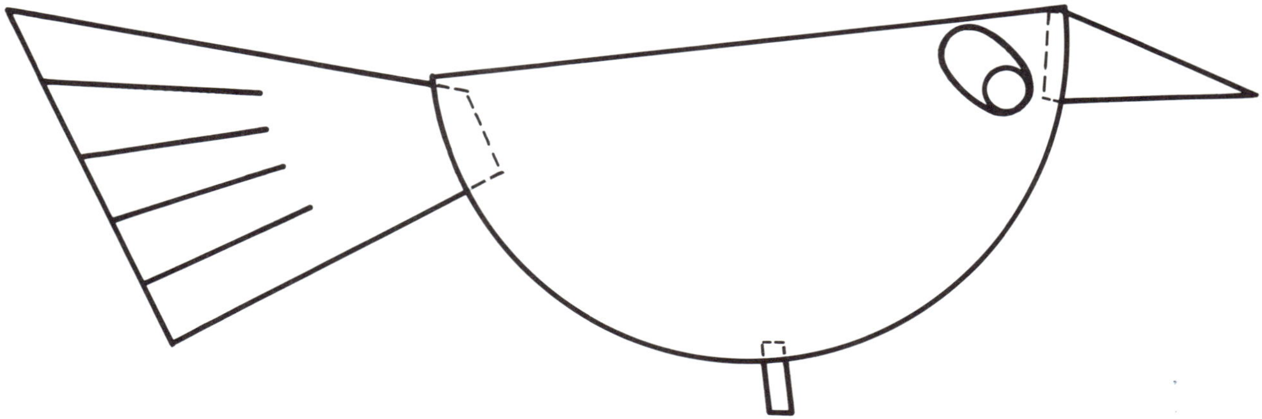

Vogelspieße

Material
Farbiges Tonpapier, Schaschlikspieße, Zirkel, Bürolocher, Klebstoff

Ausführung
Mit dem Zirkel einen Kreis mit Radius 4 cm zeichnen, ausschneiden und zur Hälfte falten. Schwanz, Schnabel und Pupillen auf Tonpapier, die Augen auf eine andere Farbe übertragen und ausschneiden. Schaschlikspieß, Schwanz und Schnabel in den gefalteten Rumpf, die Augen auf beide Seiten des Vogels kleben.

Set

Material
Weißer Fotokarton, verschiedene Regenbogenpapiere, schwarzes Tonpapier, schwarzer Filzstift, selbstklebende Klarsichtfolie, Klebstoff

Ausführung
Vom Vorlagenbogen das Set (D3) auf weißen Fotokarton und den Mittelpunkt auf Regenbogenpapier übertragen und ausschneiden. Raupe fertigstellen und zusammen mit dem Mittelpunkt mit Klebstoff auf das Set kleben. Mit einem schwarzen Filzstift die Blütenkonturen genau nachzeichnen. Nun wie auf Seite 11 beschrieben, das fertig gestaltete Set mit selbstklebender Klarsichtfolie beziehen.

Trinkhalme

Material
Verschieden farbiges Regenbogenpapier, Trinkhalme

Ausführung
Die Blüten (D4) von der Vorlage übertragen, doppelt ausschneiden und beide Seiten mit Klebstoff gegen den Trinkhalm kleben.

Blütenlichter

Material
Regenbogenpapier, Teelichter, Klebstoff oder Transparentklebefilm

Ausführung
Ein Regenbogenpapierquadrat mit der Seitenlänge 8 cm ausschneiden und gemäß der Anleitung falten. Die Zeichnung D6 übertragen und danach ausschneiden. Das Quadrat wieder öffnen und an den markierten Stellen einschneiden. An der gestrichelten Linie umfalten, das Teelicht durchschieben und die unten liegenden Teile entweder mit Klebstoff oder Transparentklebefilm am Teelicht befestigen.

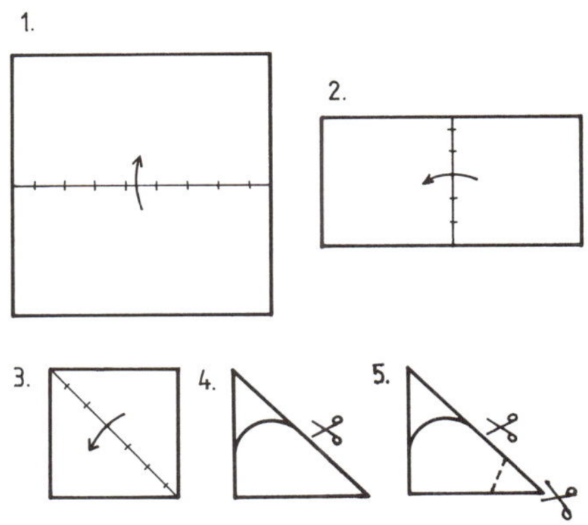

Schiebekarte mit Raupe

Bei dieser Karte kann die Raupe ihre Fühler einziehen bzw. ausstrecken.

Material
Weißer Fotokarton, Regenbogenpapier, schwarzes Tonpapier, Filzstifte, Transparentklebefilm, Klebstoff

Ausführung
Aus weißem Fotokarton ein 16 x 10 cm großes Rechteck ausschneiden und in der Mitte falten (8 x 10 cm). Die Raupe (auf die ausgestanzten Kreise wird verzichtet) anfertigen. Auf das Rechteck auflegen und die Stelle, auf die der Kopf geklebt wird, kennzeichnen. So einschneiden, daß sich die Fühler gut durchschieben lassen. Kleben Sie die Raupe so auf, daß von ihr die Einschnittstelle etwas verdeckt ist.
Das Rechteck falten und an beiden Seiten mit Transparentklebefilm zukleben, so daß eine Tasche entsteht.
Aus weißem Fotokarton ein 12 x 9,5 cm großes Rechteck, aus schwarzem Tonpapier die Fühler ausschneiden und an der vorgesehenen Stelle mit Transparentklebefilm ankleben. Rechteck mit Fühlern in die Tasche einführen. Fühler ein ganz kleines Stückchen aus dem Kopf herausschauen lassen. Schieben Sie das Innenteil nach oben, so zeigt die Raupe ihre Fühler, bewegen Sie den Karton nach unten, zieht sie die Fühler wieder ein.

Daumenkino

Material
Weißes Zeichenpapier, Regenbogenpapier, Filzstifte, neutraler Stift, Klebstoff

Ausführung
Aus weißem Zeichenpapier einen ca. 30 x 10 cm (DIN A4 längs halbiert) großen Streifen schneiden. In der Mitte knicken, so daß man das Maß 15 x 10 cm erhält. Bis auf die Fühler, die hier mit schwarzem Filzstift aufgemalt werden, zwei gleich farbige Raupen nach der Beschreibung von Seite 38 fertigen. Raupen dekkungsgleich aufkleben, bei einer Raupe ein fröhliches, bei der anderen ein trauriges Gesicht aufmalen.
Das oben liegende Blatt wird nun um den Stift gerollt. Indem Sie den Stift schnell von oben nach unten bewegen, verändern sich die Gesichtszüge der Raupe.

Sommertüten

Material
Helles Umweltpapier DIN A4, Farbstifte, Klebstoff

Ausführung
Aus dem Papier eine Tüte, wie auf Seite 10 beschrieben, falten und kleben.
Die Kinder dürfen sie nun nach eigenen Vorstellungen mit den Themen Raupe und Sommer bemalen.

Raupenanstecker

Material
Regenbogenpapier, schwarzes Tonpapier, Karton, Filzstift, Anstecknadeln, Klebstoff

Ausführung
Raupe anfertigen und auf einen Karton kleben. Den Anstecker wenden und auf der Rückseite eine Anstecknadel aufkleben.

Blütenanstecker

Material
Regenbogenpapier, Karton, Anstecknadeln, Klebstoff

Ausführung
Die Blüte (D5) mit dem Mittelpunkt übertragen, ausschneiden und zusammenkleben. Aus Karton den Kreis ausschneiden und die Blüte mit Klebstoff aufbringen. Wenn Sie möchten, können Sie die Blüte noch zusätzlich ausschneiden. Den Anstecker wenden und auf der Rückseite eine Nadel ankleben.

Girlanden

Material
Gelbes, rotes, blaues und grünes Kreppapier, Paketschnur

Ausführung
Von der Kreppapierrolle ca. 2 bis 3 cm breite Streifen abschneiden. Aufrollen und etwa 50 cm lange Streifen abschneiden. Immer vier verschiedenfarbige Streifen zusammenfassen und in der Mitte um die Paketschnur knoten. Die Papierstreifen im Abstand von 15 cm aneinanderreihen.

Raupe mit Blasrohr

Material
Gelber, grüner, orangefarbener roter, hell- und dunkelblauer, schwarzer, lilafarbener Fotokarton, bewegliche Augen, Filzstift, farbiges Zeichenpapier, Transparentklebefilm, Klebstoff

Ausführung
Auf Fotokarton insgesamt sieben Kreise mit dem Radius 4,5 cm aufzeichnen und ausschneiden. Für das Gesicht die Fühler auf schwarzen Fotokarton übertragen, ausschneiden und zusammen mit den beweglichen Augen aufkleben. Alle Kreise um ein Lineal knicken, damit sie sich aufstellen lassen.

Blasrohr

Material
Schreibpapier DIN A4, Papierkugeln, Transparentklebefilm

Ausführung
Das Papier zu einem engen Rohr drehen und mit Transparentklebefilm festkleben. (Je enger das Rohr, desto leichter und weiter lassen sich die Kugeln durchblasen). Die Raupe aufstellen und mit möglichst wenigen Schüssen alle Scheiben umschließen.

Bewegliche Raupe

Material
Gelbes, hell- und dunkelrotes, grünes, lila-, pink- und orangefarbenes Tonpapier, zwei Schaschlikspieße, sieben Musterklammern, Filzstift, Klebstoff, Transparentklebefilm

Ausführung
Aus den farbigen Tonpapieren je

einen Kreis mit Radius 3,2 cm ausschneiden. Fühler aus einer Farbe ausschneiden und von hinten gegen den Kopf kleben. Mit Filzstift das Gesicht aufzeichnen. Ca. 1 cm vom Rand entfernt mit der Musterklammer einstechen und zwei Kreise auf diese Weise miteinander verbinden. Am Kopf und am Ende jeweils einen Schaschlikspieß mit Transparentklebefilm von hinten festkleben.

Verkehrsfest

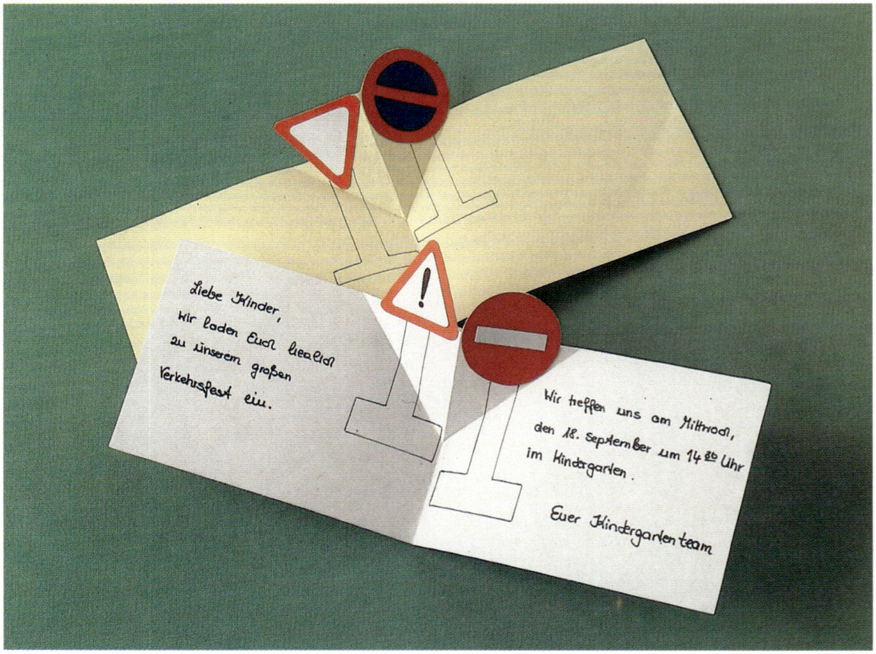

Einladungskarten

Diese Karten können Sie nach der ersten oder zweiten Faltversion, Seite 8 und 9, arbeiten, je nachdem, wie Sie die Verkehrszeichen anordnen möchten.

Material
Weißes oder gelbes Zeichen- oder Tonpapier, roter, blauer, weißer Fotokarton oder Tonpapier, Filzstift, Klebstoff

Ausführung
Das gewünschte Verkehrszeichen (E1 – E5) von der Vorlage auf Fotokarton oder Tonpapier übertragen und ausschneiden. Die Karte falten und die fertiggestellten Verkehrszeichen aufkleben.

Plakat Verkehrszeichen

Dieses Plakat ist für die Gruppenarbeit geeignet. Sie können es mit größeren Kindern, zum Beispiel bei Projekttagen in der Schule oder einem Verkehrsfest im Kindergarten, herstellen. Hängen Sie das Plakat im Eingangsbereich auf, könnte dies eine Alternative zu den Einladungskarten sein.

Alle Materialien und die Arbeitsanleitung finden Sie auf Seite 54.

Sets

Verbot für Fahrzeuge aller Art

Material
Roter Fotokarton, weißes Tonpapier, Klebstoff, selbstklebende Klarsichtfolie

Ausführung
Aus Fotokarton einen Kreis mit dem Radius 20 cm, aus Tonpapier einen Kreis mit dem Radius 15 cm aufzeichnen und ausschneiden.
Den weißen Tonpapierkreis mit Klebstoff mittig auf den roten Fotokartonkreis aufbringen.

Vorfahrt

Material
Weißer Fotokarton, gelbes Tonpapier, Klebstoff, selbstklebende Klarsichtfolie

Ausführung
Aus Fotokarton ein Quadrat mit der Seitenlänge 35 cm, aus Tonpapier ein Quadrat mit der Seitenlänge 27 cm aufzeichnen. Beim Ausschneiden die Ecken jeweils ein bißchen abrunden. Gelbes Tonpapierquadrat mit Klebstoff mittig auf das weiße Fotokartonquadrat aufbringen.

Vorgeschriebene Fahrtrichtung

Material
Blauer Fotokarton, weißes Tonpapier, Klebstoff, selbstklebende Klarsichtfolie

Ausführung
Aus Fotokarton einen Kreis mit dem Radius 20 cm ausschneiden. Vom Vorlagenbogen den Pfeil (E8) auf weißes Tonpapier übertragen, ausschneiden und mittig auf den blauen Fotokarton aufkleben.

Tischkarten

Material
Weißer, roter, blauer Fotokarton oder Tonpapier, Klebstoff

Ausführung
Aus weißem Fotokarton oder Tonpapier ein 10 x 8 cm großes Rechteck ausschneiden und der Länge nach über ein Lineal zur Hälfte knicken.
Kleine Verkehrszeichen (E1–E4) anfertigen und auf den linken oberen Rand kleben.

Parkverbot

Material
Roter Fotokarton, blaues Tonpapier, Klebstoff, selbstklebende Klarsichtfolie

Ausführung
Auf rotem Fotokarton einen Kreis mit dem Radius 20 cm aufzeichnen und ausschneiden. Vom Vorlagenbogen zweimal den Halbkreis (E7) auf blaues Tonpapier übertragen, ausschneiden und mit einem Abstand von 5 cm vom Rand aufkleben.
Nun die Sets, wie auf Seite 11 beschrieben, zum Schutz vor Flecken mit selbstklebender Klarsichtfolie beziehen.

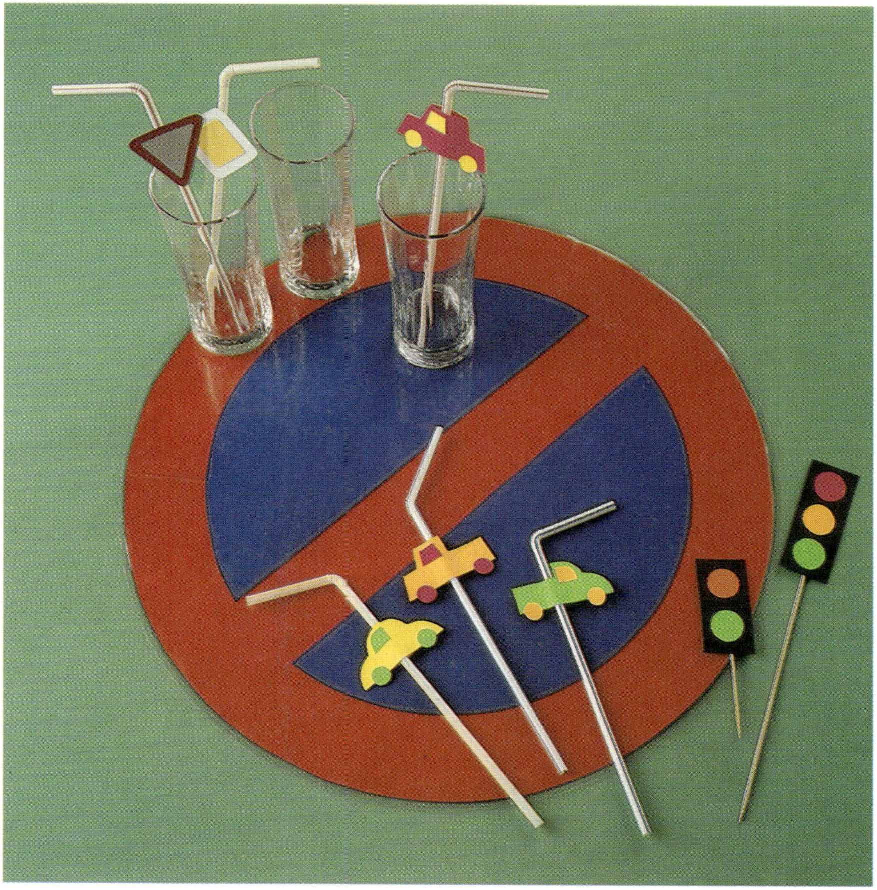

Trinkhalme mit Verkehrszeichen

Material
Weißer, blauer, gelber Fotokarton oder Tonpapier, Trinkhalme, Transparentklebefilm

Ausführung
Verkehrszeichen herstellen und mit Transparentklebefilm an einem Trinkhalm festkleben.

Trinkhalme mit Autos

Material
Gelbes, grünes, pink- und orangefarbenes Leuchttonpapier, Trinkhalme, Klebstoff

Ausführung
Autos, Fenster und Räder (E9 – E12) zweimal von der Vorlage übertragen, ausschneiden und einzeln fertigstellen. Von beiden Seiten deckungsgleich um den Trinkhalm kleben.

Ampelspieße

Material
Schwarzes, rotes, grünes, orangefarbenes Tonpapier, Schaschlikspieß oder Zahnstocher, Klebstoff, Transparentklebefilm

Ausführung
Die Ampel (E13 und E14) vom Vorlagenbogen auf Tonpapier übertragen, ausschneiden und zusammenkleben. Fertiggestellte Ampel mit Transparentklebefilm an einen Spieß kleben.

Verkehranstecker

Material
Weißer, roter, blauer, gelber Fotokarton oder Tonpapier, selbstklebende Klarsichtfolie, Anstecknadeln, Klebstoff

Ausführung
Verkehrszeichen fertigen, anschließend mit Klarsichtfolie überziehen, umdrehen und eine Anstecknadel aufkleben.

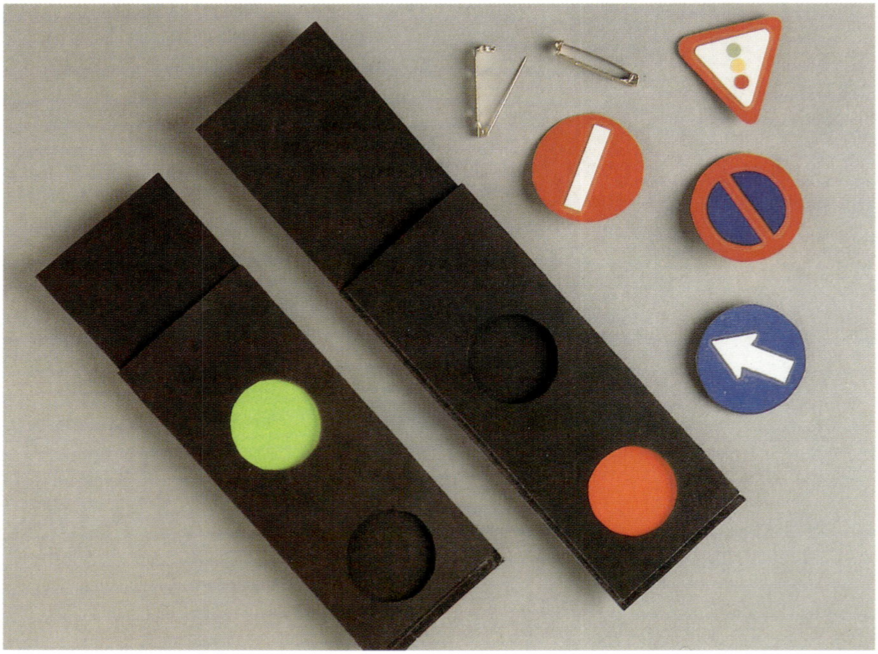

Schiebeampel

Material
Schwarzer Fotokarton, rotes und grünes Schreib- oder Tonpapier Klebstoff, Transparentklebefilm

Ausführung
Die Ampel und das Schiebeteil (E23) von der Vorlage auf schwarzen Fotokarton übertragen und ausschneiden. Das rote und grüne Rechteck übertragen, ausschneiden und auf die bezeichneten Stellen kleben. Die Schiebekarte an der gestrichelten Linie falten, schließen und die oberen und seitlichen Kanten mit Transparentklebefilm zukleben. Schiebeteil in die Karte einführen. Die Ampel wechselt die Farbe von Grün auf Rot, wenn Sie an dem Schiebeteil ziehen oder schieben.

Verkehrszeichen

Material
Weißer,roter, blauer, gelber Fotokarton oder Tonpapier, Klebstoff

Ausführung
Sie können diese Zeichen in verschiedenen Arten basteln. Entweder schneiden Sie die Zeichen aus weißem Tonpapier aus und malen sie an, oder Sie fertigen sie nach der Beschreibung von Seite 46. Den Fuß (E17) aus dem weißem Tonpapier zweimal ausschneiden, zusammenkleben und die Standflächen nach außen falten. Die Verkehrszeichen mit Klebstoff am oberen Teil des Fußes anbringen.

Ampel

Das besondere an dieser Ampel ist, daß sie sich "umschalten" läßt. Durch Verschieben des Hebels läßt sich die Farbe Rot oder Grün einstellen.

Material
Schwarzer Fotokarton, rotes, grünes Tonpapier, Musterklammern, Klebstoff, Transparentklebefilm

Ausführung
Ampel, Fuß (E17) und Umstellmechanismus (E16) vom Vorlagenbogen auf schwarzen Fotokarton übertragen und ausschneiden. Aus rotem und grünem Tonpapier je ein Rechteck ausschneiden und auf die gekennzeichneten Stellen aufkleben. Schraffierte Flächen mit Klebstoff bestreichen, Ampelfuß unten auflegen, Ampelvorderteil umklappen und zusammenkleben.
Umstellmechanismus seitlich einschieben und mit einer Musterklammer an der mit "–" gekennzeichneten Stelle fixieren. Fußteile umknicken und die Ampel aufstellen.

Verkehrszeichentüten

Material
Umweltpapier, Farbstifte, Klebstoff

Ausführung
Tüten aus Papier mit dem Format DIN A4 oder A5 nach der Beschreibung von Seite 10 fertigen und mit Verkehrszeichen bemalen.

Verkehrsteppich

Auf diesem Teppich können die Kinder mit den selbstgebastelten Verkehrszeichen spielen.

Material
Helle Tapetenreste (Rauhfaser), grüne Fingerfarbe, Karton, dicker schwarzer Filzstift, Klebstoff

Ausführung
Zwei 70 x 53 cm große Tapetenstücke überlappend aufeinanderkleben. Auf Karton Schablonen für die Felder (E20) vom Vorlagenbogen übertragen und ausschneiden. Für die Kreisverkehrinsel zeichnen Sie einen Kreis mit dem Radius 7 cm auf. Die Felder werden mit Hilfe der Kartonschablone auf die Tapetenbahnen übertragen. Zuerst mit grüner Fingerfarbe anmalen, anschließend mit schwarzem Filzstift umranden und die Gleise aufmalen.

Große Verkehrszeichen

Wie wäre es mit einem Verkehrsfest im Freien? Mit diesen großen Zeichen läßt sich das richtige Verhalten im Straßenverkehr bestens üben.

Material
Weißer, roter, blauer, schwarzer Fotokarton, rotes und grünes Tonpapier, Klebstoff, selbstklebende Klarsichtfolie, Rundhölzer (1 cm, 1 m lang), Backsteine, Transparentklebeband oder breites Klebeband

Ausführung
Kreisform: Aus Fotokarton einen Kreis mit dem Radius 10 cm aufzeichnen und ausschneiden (Außenkreis).
Einen weiteren Kreis mit dem Radius 7,5 cm ausschneiden (Innenkreis). Den Pfeil (E21) und das eingeschränkte Halteverbotzeichen (E15) vom Vorlagenbogen übertragen und ausschneiden. Alle Einzelteile mit Klebstoff zusammenfügen.
Dreieckform: Diese Form (E18) vom Vorlagenbogen übertragen und ausschneiden. Pfeil und Kreis ebenfalls übertragen und die Teile zusammenkleben.
Die Zeichen werden mit selbstklebender Klarsichtfolie überzogen. Entweder mit breitem Klebeband oder mit Transparentklebefilm an ein Rundholz kleben. Zum Aufstellen der Zeichen benützen Sie am besten Backsteine, in die sie hineingesteckt werden.

Große Ampel

Die Ampel läßt sich von Rot auf Grün stellen. Sie ist nach demselben Prinzip wie die kleine Ampel gefertigt.

Material
Schwarzer Fotokarton, rotes grünes Leuchttonpapier, Musterklammer, Klebstoff, breites Klebeband, Transparentklebefilm, Rundholz (∅ 1 cm, 1 m lang), Backstein

Ausführung
Ampel und Umstellmechanismus (E19) von Vorlagenbogen auf schwarzen Fotokarton übertragen und ausschneiden. Aus rotem und grünem Tonpapier je ein Rechteck ausschneiden und auf die gekennzeichneten Stellen aufkleben. Ränder mit Klebstoff bestreichen, Ampelvorderteil umklappen und aufkleben. Den Umstellmechanismus an der gestrichelten Linie falten, dann seitlich rechts durch den offengebliebenen Schlitz einschieben und mit einer Musterklammer an der gekennzeichneten Stelle fixieren.
Die Ampel wird entweder mit breitem Klebeband oder mit Transparentklebefilm an den Rundholzstab geklebt. Mit Hilfe eines Backsteins können Sie die Ampel aufstellen.

Nikolausfeier

Einladungskarte

Material
Rotes und weißes Zeichen- oder Tonpapier, zweifarbige Bastelfolie in Gold und Grün, schwarzer und roter Filzstift, Watte, Klebstoff

Ausführung
Die Karte wird nach der Faltanleitung 2, Seite 9, gearbeitet. Den roten Teil vom Nikolauskopf (F1) auf die Karte übertragen und zurechtschneiden. Gesicht mit Bart auf weißes Papier, Tannenbaum (F4) auf Folie übertragen und ausschneiden. Mit Filzstift die Konturen des Gesichts aufzeichnen und den Baumstamm an der gestrichelten Linie so umknicken, daß die goldfarbene Seite sichtbar wird. Gesicht, Baum und Wattekugel aufkleben.

Tischkarte

Material
Weißer Fotokarton, rotes und weißes Tonpapier, roter und schwarzer Filzstift, Watte, Klebstoff

Ausführung
Aus weißem Fotokarton 10 x 8 cm große Rechtecke ausschneiden und der Länge nach über ein Lineal zur Hälfte knicken. Den Nikolauskörper (F2) auf rotes, das Gesicht auf weißes Tonpapier übertragen und ausschneiden. Gesicht mit Filzstift anmalen und mit der Wattekugel auf den Körper kleben.
Den fertiggestellten Nikolaus von hinten an die Tischkarte kleben.

Große Tannenbäume

Material
Zweifarbige Folie in Gold und Grün, Klebstoff

Ausführung
Aus der Folie je ein Quadrat mit

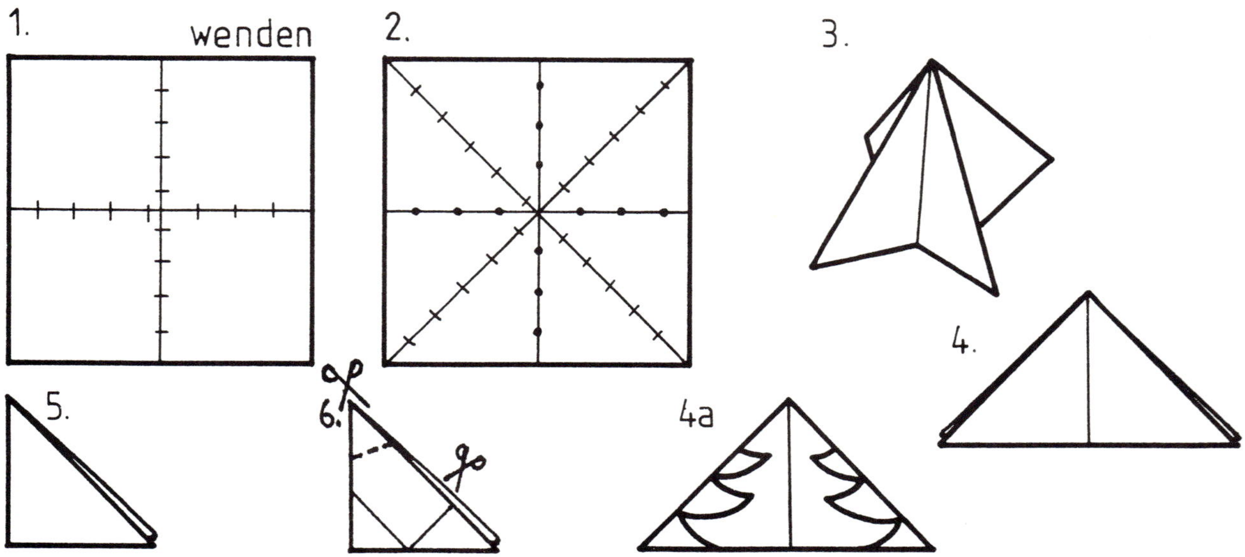

8 cm, 9 cm und 10 cm Seitenlänge ausschneiden. Alle drei Quadrate nach der Faltanleitung arbeiten. Papier mit der grünen Seite nach oben falten. Die grüne Folie wenden. Die goldfarbene Seite ist nun zu sehen und Sie können den nächsten Faltgang ausführen. Das Quadrat an den Falzen der ersten Faltung fassen und zusammenschieben. So entsteht eine Sternform. Jetzt noch die Faltung von 4a nacharbeiten, indem Sie alle Sternzacken zusammendrükken. Sind alle drei Quadrate fertig gefaltet, die goldfarbene Innenseite mit Klebstoff bestreichen. Die drei Sternformen der Größe nach übereinanderkleben.

Kleiner Tannenbaum für Spieß und Trinkhalm

Material
Zweifarbige Bastelfolie in Gold und Grün, Klebstoff, Zahnstocher und Trinkhalme

Ausführung
Ein Quadrat mit der Seitenlänge 10 cm ausschneiden und nach der Faltanleitung, Seite 56, arbeiten. Auf diese Form den Tannenbaum (F3) übertragen und ausschneiden. Baum aufklappen, an den Innenseiten mit Klebstoff bestreichen und um Trinkhalm oder Zahnstocher kleben. Für das Befestigen am Trinkhalm muß in die Baumspitze ein Loch geschnitten werden.

Sternset

Material
Rote Sternchenfolie

Ausführung
Aus Sternchenfolie ein Quadrat mit der Seitenlänge 40 cm ausschneiden und nach der Faltanleitung, Seite 56, die Faltgänge 1 bis 5 nacharbeiten. Form (F5) auflegen, übertragen, ausschneiden und auffalten.

Weihnachtsfeier

Tannenbaum

Dieser Baum sieht mit Bonbons geschmückt hübsch aus und eignet sich als Tischschmuck.

Material
Grüne Bastelfolie, Goldsternchenbastelfolie, Karton, Klebstoff

Ausführung
Aus Karton zweimal den Tannenbaum (F13) ausschneiden. Einen Teil von oben, den anderen von unten einschneiden (siehe Pfeil) und die Baumteile ineinanderstecken. Aus grüner Folie ein Quadrat mit der Seitenlänge 40 cm ausschneiden, nach Faltvorgang von Seite 56 arbeiten, den großen Baum übertragen und ausschneiden. Innenseiten der Folie mit Klebstoff bestreichen und über den Kartonbaum kleben. Aus Sternchenfolie den großen Stern (F6) übertragen, ausschneiden, einschneiden und auf die Baumspitze stecken.

Einladungskarten

Material
Gelbes Zeichen- oder Tonpapier, grünes Origami- oder Zeichenpapier, goldfarbene Bastelfolie, Klebstoff

Ausführung
Sternkarte: Die Einladungskarte nach Faltversion 2, Seite 9, arbeiten. Aus Folie einen großen (F6) und zwei kleine (F7) Sterne ausschneiden, aufkleben und die Karte beschneiden.
Karte mit Baum: Ein Quadrat mit der Seitenlänge 10 cm ausschneiden und nach Faltanleitung, Seite 56, von 1 bis 4 falten. Die Baumform (F3) übertragen, ausschneiden und eine Seite einschneiden. Die Rückseite mit Klebstoff bestreichen, drei Seiten zusammenkleben, und die zwei offenen Seiten auf die Karte kleben.

Tischkarten

Material
Weißer Fotokarton, goldfarbene und grüne Bastelfolie, Klebstoff

Ausführung
Aus weißem Fotokarton 10 x 8 cm große Rechtecke ausschneiden und der Länge nach über ein Lineal zur Hälfte knicken. Aus goldfarbener Folie einen kleinen Stern (F7) ausschneiden und links oben auf die Tischkarte kleben.
Aus der grünen Folie ein Quadrat mit der Seitenlänge 10 cm ausschneiden und nach der Faltanleitung von Seite 56 einen Tannenbaum (F3) arbeiten. Mit dem unteren Teil auf die Karte kleben.

Trinkhalm, kleine und große Spieße

Material
Gold- und silberfarbene Bastelfolie, Trinkhalme, Zahnstocher, Schaschlikspieße, Klebstoff

Ausführung
Auf Folie zwei große (F6) und zwei kleine (F7) Sterne übertragen und ausschneiden. Entweder deckungsgleich oder versetzt am Trinkhalm und Spieß ankleben.

Große Sternengirlande

Material
Gold- und silberfarbene Bastelfolie, Goldschnur, Transparentklebefilm, Klebstoff

Ausführung
Auf Folie vom Vorlagenbogen jeweils zwei Dreiecke (F8) übertragen, ausschneiden und zu Sternen zusammenkleben. Haben Sie einige Sterne fertiggestellt, kleben Sie diese mit Hilfe von Transparentklebefilm an einer Ecke an die Goldschnur.

Gold-silberfarbenes Sternset

Material
Goldsternchenfolie, Gold- und silberfarbener Plakatkarton, Klarsichtfolie (selbstklebend), Klebstoff

Ausführung
Aus Folie ein Quadrat mit der Seitenlänge 40 cm ausschneiden, nach der Faltanleitung, Seite 56, arbeiten, die Form (F5) ausschnei-

den und auffalten. Je auf Gold- und silberfarbenen Plakatkarton die Form (F5) viermal ausschneiden und sternförmig (abwechselnd Gold und Silber) auf das Set kleben. Auf der Plakatkartonseite das Set mit Klarsichtfolie überziehen, Beschreibung auf Seite 11. In diesem Fall lassen Sie keinen Rand überstehen, sondern schneiden direkt an der Kante ab.

Goldsternchenset

Material
Goldsternchenfolie

Ausführung
Aus der Goldsternchenfolie ein Quadrat mit der Seitenlänge 40 cm ausschneiden und nach der Faltanleitung, Seite 56, die Faltgänge 1 bis 6 arbeiten. Die Form (F5) von der Vorlage übertragen, ausschneiden und das Set auffalten.
Bei diesem weihnachtlichen Sternchenset kann auf das Überziehen mit selbstklebender Klarsichtvolie verzichtet werden.

Sternanstecker

Material
Gold- und silberfarbene Sternchenfolie, Karton, Anstecknadeln, Klebstoff

Ausführung
Große Sterne (F6) aus Folie (mit etwas Zugabe) und Karton ausschneiden. Den Folienstern auf den Karton aufkleben und die überstehenden Teile umknicken, so daß auch der Rand schön aussieht. Anstecker wenden und auf der Rückseite eine Anstecknadel aufkleben.

Sterndaumenkino

Material
Weißes Zeichenpapier, neutraler Stift, schwarzer Filzstift, gelber Leuchtfarbenstift

Ausführung
Aus weißem Zeichenpapier einen 20 x 7,5 cm langen Streifen schneiden und in der Mitte knikken. Auf den obenliegenden Teil den kleinen Stern (F9) übertragen. Auf das untenliegende Blatt den etwas größeren Stern (F7) so übertragen, daß er gegen das Licht gehalten, an allen Seiten gleichmäßig übersteht.
Bewegen sie den Stift schnell von oben nach unten, so wird der Stern größer und kleiner.

Kerzenschiebekarte

Material
Silberfarbenen Plakatkarton, weißer Fotokarton, rotes und gelbes Tonpapier, Farbstifte, Transparentklebefilm, Klebstoff

Ausführung
Aus Plakatkarton ein 20 x 8 cm großes Rechteck ausschneiden und in der Mitte falten. Kerze (F10) auf rotes, Flamme auf gelbes Tonpapier übertragen und ausschneiden. Auf Fotokarton ein 8 × 7,5 cm großes Recheck ausschneiden und die Flamme mit Transparentklebefilm daraufkleben. Rote Kerze auf den Plakatkarton auflegen und die Stelle aus der die Flamme austreten soll kennzeichnen. So einschneiden, daß die Flamme gut durch die Öffnung paßt. Rote Kerze so aufkleben, daß die Öffnung nicht verdeckt wird. Das Plakatkartonrechteck zusammenklappen und seitlich mit Transparentklebefilm zukleben. Rechteck mit der Flamme einführen. Schieben Sie den weißen Karton hoch, so erscheint die Flamme.

Weihnachtstüten

Braune Tüte

Material
Braunes Packpapier, Klebstoff

Ausführung
An dem 37 x 30 cm großen Packpapierrechteck einen 3,5 cm breiten Rand umknicken. Nun nach der Faltanleitung von Seite 10 verfahren. In die Tüte werden Geschenke hineingelegt.

Nikolaustüte

Material
Rotes und weißes Zeichen- oder Tonpapier, zweifarbige Bastelfolie in Gold und Grün, schwarzer und roter Filzstift, Watte, Klebstoff

Ausführung
Eine schmale lange Tüte aus einem roten DIN A4-Blatt nach der Anleitung auf Seite 10 falten. Gesicht mit Bart auf weißes Papier übertragen, ausschneiden und mit Filzstift das Gesicht (F1) aufmalen. Tannenbaum (F4) auf grüne Folie übertragen, ausschneiden und den Baumstamm an der gestrichelten Linie so umknicken, daß die goldfarbene Seite sichtbar wird. Mütze nach der Vorlage ausschneiden. Gesicht, Baum und Wattekugel, wie auf der Vorlage zu sehen ist, auf die Tüte kleben.

Goldfarbene und rote Tüte

Material

Goldfarbene Sternchenbastelfolie, rotes Zeichen- oder Tonpapier, Klebstoff

Ausführung
Aus Folie oder Papier wird ein DIN A4 Blatt nach der Faltanleitung von Seite 10 zu einer Tüte gefaltet. Für die rote Tüte aus Sternchenfolie zusätzlich ein paar Sterne ausschneiden und aufkleben.

Kleine gelbe Tüte

Material
Gelbes Zeichen- oder Tonpapier, goldfarbene Sternchenbastelfolie, Klebstoff

Ausführung
Aus einem gelben DIN A5-Papier eine kleine Tüte nach der Faltanleitung von Seite 10 arbeiten. Aus Sternchenfolie zweimal den goldfarbenen Rand (F11) von der Vorlage übertragen und ausschneiden. An der gestrichelten Linie umknicken, und anschließend auf beiden Seiten um den Tütenhals kleben.

Sternchengirlande

Material
Goldsternchenfolie, goldfarbene Schnur, Klebstoff

Ausführung
Auf Folie die kleinen Dreiecke (F12) vom Vorlagenbogen übertragen und jeweils zwei Teile, die Schnur liegt dazwischen, zu einem Stern zusammenkleben.

Glöckchen

Material
Zweifarbige Bastelfolie in Gold und Rot, Glöckchen, Geschenkband oder goldfarbene Schnur, Klebstoff

Ausführung
Aus Folie einen Kreis mit dem Radius 4 cm aufzeichnen, ausschneiden und halbieren. Glöckchen an ein Band binden. Jeden Halbkreis zu einer Glocke formen, Glöckchen hineinlegen und die Folie zusammenkleben.

Sternlichter

Material
Gold- und silberfarbene Sternchenfolie, Teelichter, Transparentklebefilm oder Klebstoff

Ausführung
Ein Folienquadrat mit der Seitenlänge 8 cm ausschneiden und nach der Faltanleitung, Seite 56, falten. Markierung übertragen und ausschneiden. Das Quadrat wieder öffnen und an den angegebenen Stellen einschneiden. An den gestrichelten Linien umfalten, das Teelicht durchschieben und die untenliegenden Teile entweder mit Klebstoff oder mit Transparentklebefilm am Teelicht festkleben.

Körbchenkerzenhalter

Material
Bastelfolie in Gold und Rot oder Sternchenfolie, Teelichter

Ausführung
Ein Quadrat mit der Seitenlänge 15 cm aus der Folie ausschneiden und nach der Faltanleitung, Seite 62, arbeiten.
1. Das Quadrat zweimal zur Mitte falten, wieder öffnen
2. Alle vier Eckpunkte zur Mitte falten, wenden
3. Noch einmal alle vier Eckpunkte zur Mitte falten
4. Alle vier Eckpunkte so nach außen falten, daß sie ein wenig über den Rand ragen, wenden
5. Alle vier Eckpunkte deckungsgleich nach außen legen
6. Mit dem Finger in die Ecken fassen und mit zwei Fingern von außen dagegendrücken, Teelicht hineinstellen.

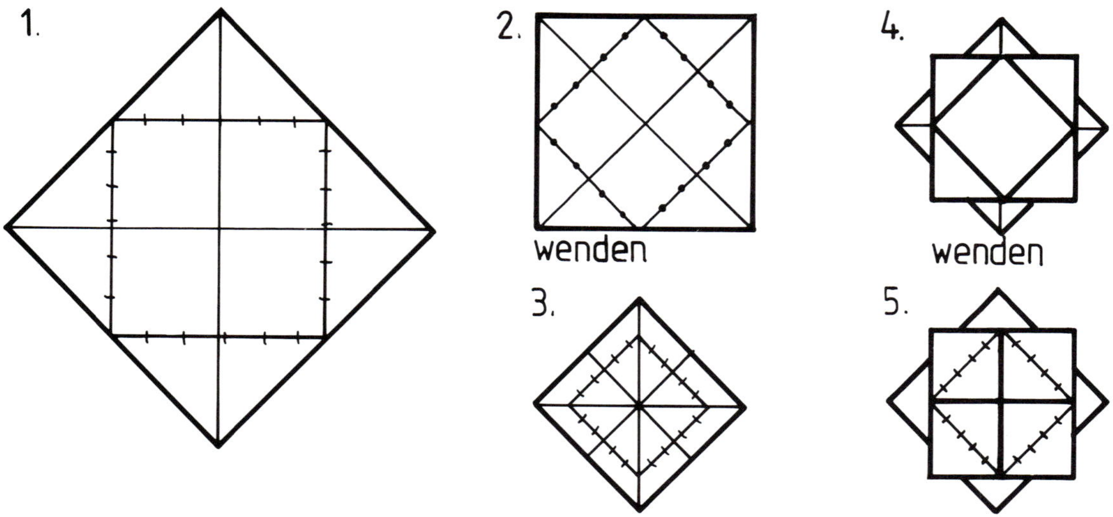

Röhrenkerze

Material
Goldfarbene und rote Bastelfolie, Papprolle, Teelichter, Klebstoff

Ausführung
Verschiedenhohe Papprollen mit Folie überziehen. Teelichter mit Klebstoff bestreichen und oben in die Papprollen hineinkleben.

Cornelia Benz lebt in Karlsruhe. Sie ist als Krankengymnastin tätig. Seit vielen Jahren setzt sie sich besonders mit dem Werkstoff Papier auseinander. Dabei bildet das Arbeiten mit Kindern den Schwerpunkt. Von ihr sind bereits erfolgreiche Publikationen beim Christophorus-Verlag erschienen.

Die Deutsche Bibliothek –
CIP-Titelaufnahme

Kinderfeste : Bastelspaß das ganze Jahr ; mit Vorlagen in Originalgröße / Cornelia Benz. – 2. Aufl. – Freiburg im Breisgau : Christophorus-Verlag, 1992
(Hobby & Werken)
ISBN 3-419-53503-1

Styling und Fotos:
Roland Krieg
Zeichnungen:
Anne Marie Friedel
Umschlaggestaltung:
Michael Wiesinger
Reproduktionen:
Scan-Studio Hofmann,
Freiburg i. Br.
Herstellung:
Konkordia Druck GmbH,
Bühl (Baden) 1992